Tous mes remerciements
À Serge Mogère

Je suis né sans la meute

Loi n°49-956 du 16 juillet 1949 sur les publications destinées à la jeunesse, modifiée par la loi n° 2011-525 du 17 mai 2011.

© 2024 Christian PRESENT
Édition : BoD · Books on Demand GmbH,
In de Tarpen 42, 22848 Norderstedt (Allemagne)
Impression : Libri Plureos GmbH,
Friedensallee 273, 22763 Hamburg (Allemagne)
ISBN : 978-2-3224-7843-9
Dépôt légal : Décembre 2024

Christian PRESENT

LIBERTAS

Illustrations de Serge MOGÈRE

1

La liberté du révolté
Le petit matin aliéné
L'air est assez acarien
Entre balcon et océan
Du beau et du déséquilibre.
L'œil est voyeur
La main fossoyeuse
Ma terre endiablée
Mon cadavre sent bon
Dans la gueule du fainéant !
Le calme est bourré
J'escalade un second verre.
La minute vulgaire
Je suis en paix
Sous un soleil osseux.
Un nombre de ligne pour vivre,
L'esquisse de l'artiste titube
Vive le soleil pauvre !

2

Un bouquet de fleur
Un sourire équarrisseur
Une main amoureuse
Un cœur effleure
Un verbe et une flatterie
Poésie du malmené !
L'étreinte est proche
Je n'ai point cherché de rimes
Je n'ai point de quai attitré
Mais rejoignez-moi !
Rejoignez-moi au premier tremblement !
Sol glissant
Pas ruisselants
Aucune chute,
La main encore tendue
Inévitable cacophonie.

3

Une table
De l'encre
Une corde
Une sentence
Une goutte d'eau
Le jury !
Une centaine de mots
Une quarantaine d'escrocs
Le sang et l'étreinte
Une corbeille et quelques pièces
Ma part du butin,
La monnaie est une catin.
J'ai lu dans un livre
Que le paradis est ici !
J'ai lu sur la poitrine de mon père
Que la mort existe.
Oui ! J'ai du soleil dans le cœur !
Demandez à cette femme
Le prix de mon poids !
Prince déchu,
Circonstanciel rétribution.

4

L'amour
Contours et détours
Cœur et parcours
L'agneau et l'enclos
La foule en vase clos
Le sang a éclos.
Saison des pluies orageuses
Le tapageur et la tapageuse
Jouisseur et jouisseuse.
Pas d'orgie sur ces seins-vigie !
J'y suis, ici gît.
Quatre-quarts !
Départ ! Placards !
Qu'il est bon d'être ensemble !
Elle suffoque et tremble.
Déjà vingt ans, il me semble
Je suis encore indemne
Du vide et de nos étrennes.
Semons nos graines !
Il est encore temps,
Oui, je t'attends !
Oh beau temps qui s'étend !

5

Ivrogne,
Belle mélodie coléreuse
La main borgne
L'herbe folle cavale
Vie éborgnée
C'est quoi la douleur ?
La solitude ?
Je ne connais pas leurs foules !
Ni leurs égouts !
Je connais mes doigts !
Ah qu'ils sont adroits,
Quand la nuit devient froide !
La chaleur du goulot
Moi un pauvre sot !
Tais-toi ! Ivrogne-cyclone !

6

Paradoxe d'une solitaire
Sous le son du tambour.
Ses yeux trop courts
Pour mon parcours.
Salvateurs troubadours
Sous nos veines vigoureuses.
Nos mains talentueuses
Petits diables instables
Sous nos rétines torrides.
Elle s'entête
Et moi l'esthète obsolète
Devine ses futures conquêtes.
Le cœur arbalète, talon aiguille
Sur ma poitrine-anguille.
Dansez ! Dansez !
Je saignerai plus tard !
Sous un manguier
L'heure est dite.

7

Quelques pièces
Une plaie
Une cicatrice
La poche est vide.
Mercredi pluvieux
Plus de femme pour écrire !
Elle est sur le départ
Je ne l'avais pas vu.
Poussière ! Va t'en !

?
3
WED.
TUES.

8

Huitième escalier.
Sur le dos de mes pas
Je titube sans une blessure.
Je fuis le scandale
Je bois jusqu'à la lie
J'ai encore de l'élan
Pour son amour lent.
Encore une femme !
Encore un verre d'alcool !
Oui, je sais !
Je cherche la frontière du métal
Et de mon état létal.

9

Je t'attendrai sous la pluie
Je t'attendrai même couvert de suie.
Je t'attendrai même boiteux
Je t'attendrai dans un coin de rue.
Je t'attendrai la main tendue
Je t'attendrai demain à la même heure.
Je t'attendrai au mauvais endroit
Je t'attendrai malgré tes pleurs.
Je t'attendrai au soleil couchant
Je t'attendrai sous une lune vorace.
Je t'attendrai avec la patience de l'attente
Je t'attendrai sans que tu le saches.
Je t'attendrai avec mes mille pas
Oui, je t'attendrai !
Moments inexistants !
Épiez-moi !

10

En deux mots :
Routine pestilentielle !
Entre deux cyclones :
Espoir métronome !
Entre deux épilogues :
Un front estropié et une femme amoureuse.
Vivre :
Vie ivre !

11

Elle aime quelques mots
Elle sanctifie la énième syllabe
Elle se faufile à travers rimes
Entre couteaux et fleurs.
Piété et chairs !
Un poème dans le débarras
Plus de gros titre !
J'ai découpé l'imaginaire
L'escalier n'existe plus !
Routine euphorisante !
Le soleil est encore vivant.
Du sang dans les veines

HOLY
POETRY

12

Allées vides
Tous saints !
Enceintes de vivants
Tous morts !
Tombes saintes,
Elles cherchent les cadavres !
Des noms funestes
Le vent s'accorde avec une feuille de papier.
Il est là !
Le glas des retrouvailles ancestrales
Le soleil osseux et oisif
Demain, tous morts !
Une bougie, ici gît !
La mélopée des cris ensevelis
La prière réitère son méfait
La poussière a bon goût
Inhale et tais-toi !

30

Ma terre rouge et mon corps qui bouge.
Embouchure !
Histoire vorace
Sur ma liberté et ses traces.
Tortures ! Villages rasés !
Débris volés ! Forfaitures !
Oralité, **é**crits sous la poussière !
Encre-sang !
Conquête entre les lignes
Écrivain mort, *écrivain pauvre*
Lignes désuètes *entre* ligne esthète
Le posthume est vivant
L'instant, encore tentant.
Condamné à mort
Damné du mauvais sort
La tombe est encore fraîche.
Les fleurs abondent
Les bougies ! Enflammées !
Mes pores sont entamés
L'art de séduire une femme,
L'art de la chevelure, je vous aime !
Triste vérité.

14

À toi lecteur !
À ton tour !
Ton cœur est de quel métal ?
Je m'en vais.

15

Me revoilà !
De retour parmi le fatras
De retour parmi mes rats !
Lequel ai-je déjà encore tué ?
Paisible feuille,
Battons-nous !
Toi la buveuse d'encre !

16

Les premières agitations de mon être solitaire,
Je m'arrache de mon corps de nouveau-né
Et m'habille de cette terre sous mon corps.
Je me débarrasse de son placenta visqueux
J'exécute la danse du tâtonnement.
Un vide,
Deux vides,
J'escalade, de pieds hésitants,
Leurs morsures.

17

Je vis sur un pont,
Sur un fil
Au-delà de mes pensées.
Ils sont si nombreux
Ils ne sont que deux
La foule est téméraire.
La houle approche
Le fruit est prêt, je suis un gouffre,
Seul, je ne peux souffrir.
Pour l'instant je ne sais pas,
Eux, ils pensent savoir,
Il parle d'espoir.
Ils ne connaissent pas mes soirs,
Couturiers du désespoir !
La faim de la fin me hante,
La maison s'abandonne,
L'usure des mains tendues
La peur ne m'a jamais appelé !
Ils sont là ! bruyants et lointains !
Des pas, des trépas racontés !
La foule ne dort plus en moi !
Elle m'a bousculé.

18

La faim est silencieuse
À l'ombre d'un jour-misère.
Une lueur sans un sermon
Demain est un espoir-égout.
Le réfrigérateur ne reçoit plus sa paie
Le café est assez salvateur
Le chant du coq est héroïque
Mais le pain est assez rassis.
Sous les doigts de l'écrivain
Une voix qui trotte dans ma tête,
Cette révolution depuis cet âge pubère,
- Tu te dois de nourrir l'Empire !
Je m'extrais de l'homme nanti
Comme un ver d'un fruit pourri.
Je suis fils du cri-monde !

Le bleu du ciel dans la gueule
Sous mes pas, la boue-meule
Premiers rayons !
Énième haillon !
Une larme de ma mère
Ne pleurez-pas ma chair-prière !
La joie un peu glissante
De mon matin sans fortune.
Ma nuit palpitante
Sa gouaille sans une rime !
Chlorophylle épuisée,
Six heures et cinquante-cinq minutes,
Méli-mélo.

55

Je vivrai sans elle...

Faim